¡Ssssssshhhhhhhhhh!

Haz del teatro algo íntimo
Llévalo siempre en el bolsillo

Cubierta y diseño editorial: Éride, Diseño Gráfico
Dirección editorial: ángel jiménez

Primera edición: octubre, 2024

El cíclope y otras rarezas de amor
© Ignasi Vidal
© VdB, 2024
Espronceda, 5
28003 Madrid

VdB®

ISBN: 978-84-19850-80-5
Depósito Legal: M-22482-2024
Diseño y preimpresión: Éride, Diseño Gráfico

Este libro protege el entorno

el cíclope
y otras rarezas de amor

@paco navarro

Ignasi Vidal.
(Barcelona, 1973)

Comienza su trayectoria como actor en teatro, televisión y cine, destacando especialmente su carrera en el teatro musical.

En 2015 debuta como autor y director teatral con su obra *El plan*, ganadora del Premio OFF 2015, con una gira de más de dos años y estrenada en los escenarios de México, Colombia, Ecuador, Puerto Rico y Turquía. Se ha traducido a francés, italiano, turco y japonés. Desde este mismo año estrenará obras de su autoría: *Un recuerdo de Avignon*, *Memoria o Desierto*, *Pequeño catálogo sobre el fanatismo y la estupidez*, *El cíclope y otras rarezas de amor*, *Coexistance o Dribbling*, muchas de su propia dirección, destacando especialmente *Dignidad*, estrenada en los teatros del Canal con notable éxito. A este estreno en España, le seguirá una sucesión de estrenos internacionales, algunos dirigidos por el propio autor: Rumanía, Panamá, Ecuador, Colombia, Brasil, México y Argentina.

En febrero de 2020 estrena, como director y autor del libreto, el musical *Antoine* (Premio Max espectáculo revelación), sobre la vida y obra de Antoine de Saint-Exupéry. Le seguirá en 2023 el estreno de *Forever Van Gogh* en el Teatro Marquina de Madrid. A estos dos títulos se sumará el último espectáculo de la trilogía en 2025: *Mozart Desatado*.

Desde 2020 seguirá estrenando títulos propios como *Lo nuestro estaba cantado*, *Sobre el caparazón de las tortugas* (2023), *Roca Negra* (2024) y *Secretos de Familia* (2024) y compaginará su trayectoria autoral con trabajos de dirección de textos.

Actualmente Ignasi Vidal cuenta con un repertorio de más de treinta textos propios, de los cuales seis han sido ya editados.

Ignasi Vidal

el cíclope
y otras rarezas de amor

Esta función se estrenó en el Centro Cultural Internacional
Oscar Niemeyer, de Avilés, 18 de agosto del 2017 interpretada por
Manuel Baqueiro (Pedro), Daniel Freire (Sergio), Eva Isanta (Marta),
Sara Rivero (Paz) y Celia Vioque (Amanda).

Dirección: Ignasi Vidal.

Toco tu boca, con un dedo toco el borde de tu boca, voy dibujándola como si saliera de mi mano, como si por primera vez tu boca se entreabriera, y me basta cerrar los ojos para deshacerlo todo y recomenzar, hago nacer cada vez la boca que deseo, la boca que mi mano elige y te dibuja en la cara, una boca elegida entre todas, con soberana libertad elegida por mí para dibujarla con mi mano por tu cara, y que por un azar que no busco comprender coincide exactamente con tu boca que sonríe por debajo de la que mi mano te dibuja.

Me miras, de cerca me miras, cada vez más de cerca y entonces jugamos al cíclope, nos miramos cada vez más de cerca y nuestros ojos se agrandan, se acercan entre sí, se superponen y los cíclopes se miran, respirando confundidos, las bocas se encuentran y luchan tibiamente, mordiéndose con los labios, apoyando apenas la lengua en los dientes, jugando en sus recintos donde un aire pesado va y viene con un perfume viejo y un silencio. Entonces mis manos buscan hundirse en tu pelo, acariciar lentamente la profundidad de tu pelo mientras nos besamos como si tuviéramos la boca llena de flores o de peces, de movimientos vivos, de fragancia oscura. Y si nos mordemos el dolor es dulce, y si nos ahogamos en un breve y terrible absorber simultáneo del aliento, esa instantánea muerte es bella. Y hay una sola saliva y un solo sabor a fruta madura, y yo te siento temblar contra mí como una luna en el agua.

Rayuela, capítulo 7, «El Cíclope».
Julio Cortázar.

Personajes

AMANDA   Mujer de treinta y largos. Trabaja como script en rodajes de cine.

PEDRO   Hombre de cuarenta y pocos. Es actor.

PAZ   Chica de diecinueve años. Trabaja como comercial en una inmobiliaria.

SERGIO   Hombre de cincuenta y pocos. Médico de profesión.

MARTA   Mujer de cuarenta años. Trabaja en la misma inmobiliaria que Paz. Está casada con Pedro.

Luz. Configuran el espacio una mesa alta de un bar y dos banquetas. PEDRO *está sentado mientras toma una cerveza. Lleva un rato esperando. A punto de terminar la canción entra en el bar* AMANDA. *Busca a alguien hasta que da con* PEDRO *y le toca la espalda.*

AMANDA   ¿Pedro?

PEDRO   Amanda. (*Se quedan uno frente al otro sin decir nada.*) ¿Qué quieres tomar?

AMANDA   ¿Qué tomas?

PEDRO   Cerveza

AMANDA   Cerveza pues.

           (*Ella se quita el abrigo y se sienta. Él también.*)

PEDRO   Camarero, una cerveza, por favor.

           (*Pausa.*)

AMANDA   ¿Cómo estás?

PEDRO   Bien. ¿Y tú?

AMANDA   Voy tirando. Bien, sí.

PEDRO   Tienes el pelo más largo.

AMANDA   Sí.

PEDRO   Mucho más largo.

AMANDA   Sí.

PEDRO   Te queda muy bien.

AMANDA   Gracias.

                 (*Pausa.*)

PEDRO   ¿Y qué?

AMANDA   Bueno. Aquí estamos.

PEDRO   Sí.

                 (*Pausa.*)

AMANDA   ¿Estás bien?

PEDRO   Sí.

AMANDA   Qué raro, ¿no?

PEDRO   Sí, supongo que sí.

AMANDA   Me ha encantado tu mensaje. Después de tan-
          to tiempo. Saber de ti...

PEDRO   No sabía como te lo ibas a tomar...

AMANDA   ¿Cómo me lo iba a tomar? Pensaba que te ha-
          bía tragado la tierra. (*El camarero trae la cer-
          veza.* AMANDA *hace un breve brindis.*) Salud.

PEDRO   Sí.

          (*Beben. Pausa.*)

AMANDA   ¿Todavía vives en...?

PEDRO   Me mudé.

AMANDA   ¿En serio? Con lo chulo que era tu piso.

PEDRO   Bueno, me subieron el alquiler y tuve que de-
          jarlo. Al final me compré uno, no muy lejos
          de aquí.

AMANDA   Muy bien, ¿no?

PEDRO   Sí. Y tú, ¿sigues en tu piso...?

AMANDA   Sí, ahí sigo...

PEDRO   Qué bien, me encantaba tu piso. Era muy tran-
          quilo y soleado.

AMANDA   Sí, pero yo estoy bastante cansada de él. En realidad estuve a punto de mudarme hace un par de meses.

PEDRO   ¿Y qué pasó?

AMANDA   Que me separé. Justo cuando preparábamos la mudanza. Ya lo tenía todo empaquetado y...

PEDRO   Lo siento.

AMANDA   No, qué va. Estoy mucho mejor ahora.

PEDRO   ¿Quién era?

AMANDA   ¿Él? ¿Te acuerdas... que yo tenía un novio justo antes de conocerte a ti?

PEDRO   Ángel.

AMANDA   No, Ángel no, ese era anterior. Patric.

PEDRO   Ah, sí, Patric.

AMANDA   Pues volví con él.

PEDRO   Ah. (*Pausa.*) ¿Te apetece picar algo?

AMANDA   ¿Y a ti?

PEDRO   Es que aquí hacen un *Steak Tartar* buenísimo.

AMANDA   Me apunto a eso.

PEDRO   Camarero, un *steak tartar*. (*A* AMANDA.) ¿Cómo te gusta? muy picante, medio o suave. A mí me gusta muy picante.

AMANDA   Suave, pero bueno, pídelo medio. Ni *pa'* ti ni *pa'* mi.

PEDRO   (*Al camarero.*) Muy picante, es lo que se merece después de haberme dejado.

AMANDA   (*Al camarero.*) Yo no lo dejé. (*A* PEDRO) Yo no te dejé.

PEDRO   ¿No?

AMANDA   Verás...

PEDRO   Técnicamente me dejaste. Cuando te fuiste a trabajar a Gijón me lo dejaste muy claro en aquel mensaje...

AMANDA   Bueno, verás, no te dije que te dejaba, estaba hecha un lío.

PEDRO   Claro, no me lo dijiste, pero a buen entendedor...

AMANDA   Estaba confusa...

PEDRO   Camarero, el *steak*, suave, por favor.

AMANDA   No hace falta, medio picante me gustará.

PEDRO   ¿Me dejaste por él?

AMANDA   No.

PEDRO   ¿Ah, pensé que Patric era el director de fotografía aquel...?

AMANDA   Sí, bueno, fue por el director de fotografía,
pero no era Patric, con Patric lo retomamos
después.

PEDRO   O sea, que tampoco te fue bien con el director de fotografía...

AMANDA   Fue una locura. Él estaba casado y tenía hijos. Yo estaba echa un lío. Era una historia que
venía de lejos...

PEDRO   Qué difícil es todo...

AMANDA   Sí.

PEDRO   Muy difícil.

(*Pausa.*)

AMANDA   ¿Cómo te va a ti?

PEDRO   He sido padre.

AMANDA   ¿En serio?

PEDRO   En serio.

AMANDA   Felicidades.

PEDRO   Gracias.

AMANDA   ¿Cuándo?

PEDRO   En marzo. El 12 de marzo.

AMANDA   ¡Qué bueno!

PEDRO   Sí.

AMANDA   Bueno...

PEDRO   Ya.

AMANDA   Felicidades.

PEDRO   Sí.

AMANDA   Es...

PEDRO   Ya ves.

AMANDA   ¿Pero lo habéis buscado?

PEDRO   Sí... Sí.

AMANDA   ¿Sigues con...?

PEDRO   Marta.

AMANDA   Eso, Marta. ¿Volvisteis?

PEDRO   Sí. Volvimos al poco de...

AMANDA   Ya.

PEDRO   Ella es muy buena.

AMANDA   Tú también.

PEDRO   No lo suficiente para ti.

AMANDA   No digas tonterías.

PEDRO   Es broma. (*Rien. Pausa.*) La vida es tan rara...

AMANDA   Rara la vida, raros los que la vivimos...

PEDRO   Nunca deja de sorprenderme... la vida.

             (*Se miran en silencio.*)

AMANDA   ¿Y qué es?

PEDRO   ¿Eh?

AMANDA   Niño o niña.

PEDRO   Niña.

AMANDA   Qué bien...

PEDRO   Sí.

AMANDA   ¿Es lo que querías?

PEDRO   Me daba igual niño o niña... Estoy contento.

AMANDA   Lo importante es que sea feliz...

PEDRO   Sí. Supongo que sí.

AMANDA   ¿Cómo se llama?

PEDRO   Amanda. Se llama Amanda.

AMANDA   Es una broma, ¿no?

PEDRO   No.

AMANDA   ¿Qué...?

PEDRO   Sí, es broma. Ana. Se llama Ana, Anita…

AMANDA   Qué bonito. ¿Estás contento?

              (*Pausa.*)

PEDRO   Sí, estoy contento.

AMANDA   ¿Ah sí , eh? ...

              (*Pausa.*)

PEDRO   Siempre me gustó la manera en que dices «¿ah, sí, eh?». Siempre te recuerdo diciendo «¿ah sí, eh?».

AMANDA   ¿Ah sí, eh?

(*Pausa.*)

PEDRO   Cuando te llamé el otro día me quité un peso de encima.

AMANDA   ¿Sí?

PEDRO   Sí. Durante estos casi dos años he pensado en ti a menudo.

AMANDA   ¿En serio?

PEDRO   Sí, muy en serio y muy a menudo.

AMANDA   Me hubiera gustado hablar contigo.

PEDRO   ¿Por qué no me llamaste en todo este tiempo?

AMANDA   ¿Después de tu último mensaje?

PEDRO   A lo mejor fui muy seco...

AMANDA   No, no fuiste seco, más bien fuiste muy comprensivo. Con ese mensaje pusiste la cosa fácil. Yo estaba hecha un lío. La verdad es que cuando leí aquel mensaje... me quedé absorta. «Nada», ese fue tu último mensaje. Eso es lo que pusiste en tu último mensaje. Ni hola, ni adiós, ni hasta luego… solo «nada». Cuando alguien me ha preguntado si sabía algo de ti yo siempre contestaba eso: «lo último que se de él es nada».

PEDRO   No sabía qué contestar al tuyo y eso era lo único que podía decir. En realidad estaba rabioso. No he dejado de pensar en ti ni un solo día desde entonces... ¿Dónde estará? ¿Con quién? ¿Qué fui yo para ella...?

AMANDA   Lo siento.

PEDRO   Ahora te veo, miro a tus ojos y me doy cuenta de que tendría que haber luchado por ti. Me doy cuenta de que soy como un faro con la luz menguada que alumbra al barco equivocado. Me doy cuenta de que viviré con la pena por dentro, arañándome el alma, porque lo que me está pasando, me tendría que estar pasando contigo.

AMANDA   Pedro...

PEDRO   A lo mejor esa hija tendría que haberla tenido contigo.

AMANDA   La vida es así...

PEDRO   Sí, eso es cierto, la vida es así.

(*Pausa. Sirven el* steak-tartar *y empiezan a comer.*)

AMANDA   La verdad es que no pica nada.

PEDRO   Siempre te sales con la tuya.

AMANDA   Qué va, no me conoces demasiado...

PEDRO   No me diste la oportunidad.

           (*Pausa.*)

AMANDA   A mí me gustabas mucho, pero estaba con-
           fundida y como siempre me equivoqué. Ten-
           go que decirte que yo también he pensado en
           ti todo este tiempo. Tal vez demasiado. Mu-
           cho más de lo conveniente.

PEDRO   ¿Y qué es lo conveniente?

AMANDA   No sé...

PEDRO   ¿Por qué no me dijiste nada?

AMANDA   No lo sé. Pensaba que me habrías olvidado.
           La verdad es que me sorprende todo esto que
           me cuentas. (*Suena el móvil de* PEDRO, *lo mira
           pero no contesta.*) Contesta si quieres.

PEDRO   No.

AMANDA   Tal vez sea tu mujer.

PEDRO   Ahora no puedo.

AMANDA   A lo mejor se preocupa.

PEDRO   Ahora la llamaré.

AMANDA   Por mí no lo hagas.

PEDRO   No es por eso.

(*Deja de sonar el móvil. Pausa.*)

AMANDA   Está bueno, el *steak*...

PEDRO   Sí, aquí lo hacen muy bueno. Estás preciosa.

AMANDA   Gracias. Tú en cambio... estás mejor que entonces.

PEDRO   ¿Sí?

AMANDA   Sí, estás más... delgado.

PEDRO   Trabajo mucho.

AMANDA   Y te va muy bien, no paras de trabajar.

PEDRO   Bueno, tengo una buena racha.

AMANDA   Estás muy guapo.

(*Pausa.*)

PEDRO   Hace un par de meses te vi en la calle.

AMANDA   ¿Y no me dijiste nada?

PEDRO   No pude, me faltó valor.

AMANDA   ¿Valor?

PEDRO   Sí.

AMANDA   ¿Iba sola?

PEDRO   No, ibas con un chico.

AMANDA   ¿Dónde me viste?

PEDRO   En Preciados, llegando a Callao.

AMANDA   ¡Y no me dijiste nada...!

PEDRO   Estuve a punto y luego me asaltó la duda de si el tipo con el que ibas sería tu novio y si ese sería el mismo por el que...

AMANDA   No, hace más de un año que lo dejamos, y aparte, nunca paseábamos ¿Cómo era el tipo con el que iba?, ¿rubio?

PEDRO   Sí y muy alto.

AMANDA   Era mi hermano Sebastián.

PEDRO   Vaya...

AMANDA   Hace un par de meses, precisamente, pensé que te iba a encontrar. Ese mismo día lo pensé, estoy segura.

PEDRO   Qué casualidad...

AMANDA   Sí, como aquel día que nos encontramos en aquel bar. Pensaba que te iba a encontrar...

PEDRO   Y me encontraste.

AMANDA   Y te encontré.

PEDRO   Sí.

(*Pausa.*)

AMANDA   Me traes recuerdos maravillosos. Todo ese tiempo, aunque fue breve, lo recuerdo como algo muy bonito en mi vida.

PEDRO   Qué mierda.

AMANDA   ¿Por qué?

PEDRO   Porque no entiendo, ahora menos que entonces, por qué...

AMANDA   Las cosas son así.

PEDRO   Ya.

(*Vuelve a sonar el teléfono móvil de* PEDRO.)

AMANDA   Contesta.

PEDRO   Me voy a ir.

AMANDA   Será lo mejor, ¿no?

(*Pausa hasta que deja de sonar el teléfono.*)

PEDRO   Ahora, mirándote a los ojos sé que te quiero. Sé que en todo este tiempo no he dejado de quererte ni un solo instante. Si alguna vez me ha pasado algo injusto en la vida, sin duda es no haber tenido la oportunidad de demostrartelo.

AMANDA   Te tienes que ir. Yo también siento algo muy especial por ti. Seguramente, cuando te miro a los ojos, creo que también te quiero. Tú ya sabes lo que siento porque sabes leer en mis ojos y en mi sonrisa también, que yo lo sé. Otra cosa será querer más y tú y yo sabemos que esto no puede ir a más.

(*Pausa.*)

PEDRO   Sí... no...es... Sí. (*Pausa. Después ambos se levantan.*) Pago yo, estás invitada.

(*Se miran en silencio cogidos de las manos.*)

AMANDA   Adiós.

PEDRO   Adiós.

(*Se dan un fuerte abrazo, profundo, cargado de cariño. El espacio y la luz va cambiando conforme avanza la canción dando paso a un apartamento vacío, amplio. Apoyado en una de las paredes se ve un cartel en el que se puede leer «Se Alquila».*)

Entran una chica de unos veinticinco años y un hombre de unos cuarenta y pocos.

PAZ   Bueno, esto es. Como ve es muy luminoso y eso que hoy el día está bastante nublado. Las calidades son de primera y todo ha sido reformado por nosotros mismos. Usted lo estrenaría.

SERGIO   Está muy bien. ¿El cuarto de baño?

PAZ   Es la primera puerta del pasillo.

SERGIO   Voy a echar un vistazo.

PAZ   Luego, en lo que sería el despacho, tiene otro algo más pequeño.

             (SERGIO *sale en dirección al cuarto de baño del pasillo.* PAZ *se queda esperando y recibe un mensaje en el móvil. Lo contesta.* SERGIO *regresa.*)

SERGIO   Me gusta. ¿Sería posible...? Oh, perdona, termina de escribir el mensaje.

PAZ   No, perdone, ya esta. ¿Qué me decía usted?

SERGIO   Tú.

PAZ   ¿Cómo?

SERGIO   Tutéame. ¿Tan mayor me ves?

PAZ   No. Es solo el protocolo.

SERGIO   Pues sáltatelo, me haces sentir como un viejo...

PAZ   No, para nada...

SERGIO   Tampoco lo soy tanto...

PAZ   ¿Viejo?

SERGIO   Sí.

PAZ   No.

SERGIO   Pues, eso, tutéame.

           (*Pausa. Ríen.*)

PAZ   Vale.

SERGIO   Decía que tal vez me interesara quitar la bañera del cuarto de baño del pasillo para dejar más espacio. Tengo que poner un baño para minusválidos.

PAZ   No creo que haya problema. Si está interesado...

SERGIO   Otra vez.

PAZ   El qué.

SERGIO   Otra vez me tratas de usted.

PAZ   Oh, perdón. Digo que si… estás interesado en el piso lo anoto para que lo tengan en cuenta en la oficina.

SERGIO   Es vital. Me obliga la legislación.

PAZ   ¿Qué tipo de negocio va a poner?

SERGIO   Una consulta médica.

PAZ   ¿Va a abrir una consulta?

SERGIO   En realidad ya la tengo. En la calle de arriba. Solo que me acabo de separar.

PAZ   Vaya, lo siento.

SERGIO   No, qué va. Es mejor así. La cosa es que además de estar casados también compartíamos consulta. Ella también es médico.

PAZ   Ya, entiendo...

SERGIO   Pero estamos bien. Todo se ha hecho de una forma muy civilizada.

(*Suena el móvil de* PAZ. *Contesta.*)

PAZ ¿Sí, dime? (...) Ya, pero es que ahora no puedo, estoy mostrando un piso (...) A un cliente (...) Te llamo en cuanto termine (...) Sí, en cuanto termine (...) Te tengo que colgar (...) Por favor (...) vale (...)

SERGIO Si es urgente puedo esperar, no tengo prisa.

PAZ (*A* SERGIO *algo asustada.*) Un momento. (*Al teléfono.*) No, no es a ti (...) sí, un.. un cliente (...) es que... (*A* SERGIO.) un momento, por favor. (*Sale, se mete en una habitación contigua y cierra la puerta tras de sí. Continua la conversación.* SERGIO *se acerca a la puerta e intenta escuchar tras ella. Después* PAZ, *sale de la habitación y* SERGIO *disimula, como si estuviera chequeando su teléfono móvil.*) Perdón.

SERGIO No pasa nada.

PAZ ¿Por dónde íbamos?

(*Pausa.*)

SERGIO ¿Cuántos años tienes?, si no es mucha indiscreción.

PAZ No, qué va. Tengo veinticinco años.

SERGIO Uf, veinticinco...

PAZ Me voy haciendo mayor.

SERGIO   ¿Mayor?

PAZ   Sí, ¿no?

SERGIO   Vamos, por favor. Lo que daría yo por tener tu edad.

PAZ   ¿Cuántos años tienes? Sí no es mucha...

SERGIO   No, no es mucha indiscreción. ¿Cuántos me echas?

PAZ   No sé, treinta y tres o treinta y cuatro.

SERGIO   Vaya.

PAZ   ¿He acertado?

SERGIO   No, ni de lejos.

PAZ   ¿Más?

SERGIO   Sí. Cuarenta y uno.

PAZ   ¿En serio?

SERGIO   Son muchos, ¿no?

PAZ   Sí. No... quiero decir que no los aparentas.

SERGIO   Gracias.

PAZ   Debes hacer mucho deporte...

SERGIO   Bueno...

PAZ   En serio.

SERGIO   La alimentación también ayuda. En cualquier caso mi edad empieza a ser la de un carcamal.

PAZ   Para nada. Me ha sorprendido porque... porque...

SERGIO   ¿Por qué?

PAZ   Por nada. Perdona.

SERGIO   ¿Perdón, por qué?

PAZ   No sé.

SERGIO   No pasa nada. Te llevo unos cuantos años, es natural que me veas un poco mayor.

PAZ   Para nada, no me pareces nada mayor.

SERGIO   ¿No?

PAZ   No.

     (*Pausa.*)

SERGIO   ¿Está hecha ya toda la instalación de agua?

PAZ   Sí, toda.

SERGIO   ¿Hay alguien más interesado?

PAZ   Sí.

SERGIO   ¿Sí?

PAZ   Hay dos personas más interesadas, piensa que el piso es muy céntrico y el alquiler no es alto para lo que es. A dos minutos de la parada del metro y con cinco líneas de autobús saliendo del portal.

SERGIO   Yo estaría dispuesto a quedármelo con una pequeña rebaja.

PAZ   No es posible. Piensa que el dueño no tiene prisa en alquilar y el margen de beneficio nuestro es muy bajo. Yo le insistí a mi jefe que te lo enseñara a ti primero porque uno de los otros clientes nos daba la señal sin verlo.

SERGIO   ¿Cuántos interesados has dicho que hay?

PAZ   Tres.

SERGIO   Antes has dicho dos.

PAZ   Eh... Contando contigo, claro.

SERGIO   Vaya, eres rápida.

PAZ   No, en serio.

SERGIO   ¿De dónde eres?

PAZ   De Barcelona, pero hace tres años que vivo aquí.

SERGIO   No se te nota mucho en el acento.

PAZ   Bueno, es que en casa hablamos castellano. Mis padres son de La Mancha.

SERGIO   ¿Cómo te llamas?

PAZ   Ya te lo dije...

SERGIO   ¿Ah, sí?

PAZ   Sí. Te falla algo la memoria.

SERGIO   Yo me llamo Sergio.

PAZ   Ya, lo he visto en la ficha de la inmobiliaria.

SERGIO   Bueno, ¿y?

PAZ   ¿Y?

SERGIO   ¿Cómo te llamas?

PAZ   (*Ríe algo nerviosa.*) Paz.

SERGIO   Paz...

PAZ   Sí.

SERGIO   Paz, creo que me voy a quedar con el piso. Me gusta mucho y me lo has vendido de maravilla.

PAZ   Vaya, gracias.

SERGIO   Me gustaría... verás, tal vez pensarás que, no sé, que busco algo, pero... me gustaría...

PAZ   ¿Qué?

SERGIO   ¿Tengo que firmar algo para o...?

PAZ   No... quiero decir, sí pero (*Mirando el reloj.*) son las dos y la oficina está cerrada. Tendrías que pasar por la oficina a las cinco.

SERGIO   ¿Estarás a las cinco?

PAZ   No, yo termino ahora y no vuelvo hasta mañana...

SERGIO   Bien, pues te invito a comer y así hablamos de los detalles.

PAZ   ¿De qué detalles?

SERGIO   ¿De qué detalles? Pues... los detalles.

PAZ   Verás, Sergio. Me gustas, me gustas desde el primer momento en que te vi entrar en la oficina. Me gustó la manera educada en la que te dirigste a mí, con una sonrisa como pidiendo disculpas por desviar mi atención de lo que estaba haciendo. Yo me sentí muerta de vergüenza ¿y sabes por qué? Cuando era pequeña soñé que me pasaba esto mismo. Soñé que entrabas tú, o sea alguien como tú, con el mismo tono de voz, con tu misma cara, con esa forma tan armoniosa con la que mueves las manos y me preguntabas si quería... si yo... pensarás que estoy loca pero no es eso. Es que pensaba que los sueños son solo sueños y que no pueden hacerse realidad... soñé, que me preguntabas si quería huir, escapar a tu playa. Tú tenías una playa... No estoy loca, de verdad, lo soñé. Eras tú. Esa playa era nuestro hogar. Cuidábamos cada palmo de nuestro hogar, los altos pinos de la entrada, la arena dorada. Teníamos un cuidado que se correspondía con las caricias que nos hacíamos el uno al otro. Eso lo soñé de pequeña. Eras tú, que ya existías en mi interior. Por eso me quedé pálida al verte entrar en la oficina. Hasta el punto de que cambié tu ficha de cajón. Normalmente este piso te lo tendría que haber enseñado Jaime, mi compañero. Cuando te vi...

(*Pausa.*)

SERGIO   Qué.

PAZ   Es extraño. No estoy loca, de verdad. Cuando te vi me entraron unas ganas incontenibles de vivir.

SERGIO   Vaya.

            (*Pausa.*)

PAZ   Tengo novio.

SERGIO   Ah… Yo… no sé qué decirte.

PAZ   No te estaré… No suelo hacer esto.

SERGIO   ¿No sueles?

PAZ   Quiero decir…

SERGIO   No me des explicaciones…

PAZ   No voy por ahí ligando con el primer cliente
            que pase.

SERGIO   Lo sé.

PAZ   No estoy loca.

SERGIO   Lo sé.

PAZ   Además, ya te he dicho que tengo novio.

SERGIO   Sí, pero no lo quieres. ¿Por qué estás con él si
            no lo quieres?

PAZ   ¿Qué no lo quiero?

SERGIO   No parece.

PAZ   No es eso.

SERGIO   ¿No?

PAZ   Es bueno conmigo.

SERGIO   Pero no lo quieres.

PAZ   No… no lo sé. Sí, supongo que sí que lo quiero. No es asunto tuyo.

SERGIO   Ya, perdona…

           (*Pausa.*)

PAZ   Ojalá.

SERGIO   ¿Ojalá qué?

PAZ   Que me dejase por otra.

SERGIO   ¿Por?

PAZ   Ojalá.

SERGIO   No sé si debería decirte esto, pero tal vez deberías dejarlo. Si no lo quieres, si no crees que puedas ser feliz a su lado, deberías ser sincera con él y sobre todo contigo misma. Sé de lo que te hablo. Tal vez así te sientas mejor.

PAZ   No puedo.

SERGIO   ¿Por qué?

PAZ   Me encantas.

SERGIO   Vale.

PAZ   Llevo días diciéndome: «debería dejarlo, debería entrar alguien en la oficina, un tío guapo, sensible y enamorarme de él» y pam, vas y entras tú.

SERGIO   Yo.

PAZ   Sí, tú. Aquel con el que soñé de pequeña. En serio que esto que estoy haciendo no lo he hecho en mi vida. Nunca he sido tan directa con un hombre. Tampoco he sido una santa pero no soy lo que se llama una chica... ¿fácil?... Tampoco lo contrario... Estoy hecha un lío.

           (*Pausa.*)

SERGIO   Te voy a decir algo que nada tiene que ver con que... verás eres una chica muy... atractiva, muy guapa... se te ve inteligente y sensible. Tal vez ahora se te te haga un mundo hablar con él, pero... dentro de un tiempo te alegrarás de haber tomado una decisión así. Hasta puede que él te lo agradezca.

PAZ   Sí, creo que es lo que voy a hacer.

SERGIO   Deberías.

PAZ   Por favor, no les digas nada a los de la agencia.

SERGIO   No lo haría, de ninguna manera.

PAZ   Creo que es hora de…

(Se besan.)

SERGIO   Paz, eres muy hermosa.

PAZ   Gracias. Creo que… me gustas mucho. Qué suaves tus manos.

SERGIO   Suave tu pelo.

PAZ   No me mal interpretes pero tocas… eres… tu forma de tocar no es la de un hombre… tocas como una mujer…

SERGIO   No me lo habían dicho nunca.

PAZ   No me hagas caso. Vuelve a besarme.

(Se besan nuevamente).

SERGIO   Eres un muy bella.

PAZ   Me siento bien en tus brazos. *(Suena el móvil de* PAZ.*)* ¡Ostras, mi jefe! Me esperan en la oficina, me he traído la llave y mañana no podrían abrir.

SERGIO   Te llevo.

(*Se vuelven a besar.*)

PAZ   Gracias. Está aquí al lado.

SERGIO   ¿Puedo venir mañana a ver de nuevo el piso antes de firmar nada? Quiero medir unos muebles que tengo para ver si caben en este salón.

PAZ   Sí, ¿a qué hora quieres?

SERGIO   A las cinco. ¿Te va bien?

(*Se besan otra vez.*)

PAZ   Sí. Aquí estaré.

SERGIO   ¿Y tu novio?

PAZ   Hoy lo dejo. Gracias.

Oscuro.

Un parque amplio y tranquilo en medio de la ciudad. PEDRO *está sentado leyendo un libro.* AMANDA *se planta ante él sin decirle nada. Él no se percata de la presencia de ella.*

AMANDA   ¿Qué lees?

PEDRO   ¡Amanda...!

(AMANDA *mira la tapa del libro que esta leyendo* PEDRO.)

AMANDA   (*Leyendo.*) «Últimas pasiones del caballero Almafiera», Juan Eslava Galán...

PEDRO   Quería regalártelo. Ya me lo leí. El año pasado. Desde entonces he pensado que si alguna vez nos encontrábamos de nuevo te lo regalaría. Tú... eres... me recuerdas a ella... a la protagonista. Aquí tienes.

AMANDA   Vaya, gracias. Me lo leeré y pensaré en ti.

PEDRO   Te gustará. Es una historia de amor diferente.

AMANDA   Seguro que sí, tienes buen gusto para la literatura, aunque ya sabes que lo mío es Cortázar.

PEDRO   ¿Qué tiene que ver? A mí me encanta también Cortázar, pero… hay otras cosas.

AMANDA   ¿Ah, sí?

PEDRO   Sí.

AMANDA   Ya leo otras cosas, pero últimamente no paro de leer a Cortázar.

PEDRO   Bueno, siempre, desde que te conozco… Aún tengo marcado el punto en ese capítulo de mi Rayuela.

AMANDA   ¿El capítulo siete?

PEDRO   Sí. Me lo regalaste tú.

AMANDA   Ya. El cíclope. Jugar al cíclope.

PEDRO   Cuando pienso en ti… me voy acercado a tu cara… y acabo viéndote con un solo ojo y…

AMANDA   ¿Y estoy guapa?

PEDRO   ¿Cómo?

AMANDA   Que si estoy guapa con un solo ojo.

PEDRO   Ya sabes de lo que hablo… cuando nos besá-
                bamos.

                (*Pausa.*)

AMANDA   Es una descripción única. Creo que todo el
                mundo busca, justamente, esa sensación de
                «peces en la boca»… esa visión del otro…

PEDRO   Peces en la boca…

AMANDA   Peces en la boca.

                (*Pausa.*)

PEDRO   ¿Cómo estás?

AMANDA   Bien.

PEDRO   Me alegro.

AMANDA   ¿Tu hija?

PEDRO   Bien.

AMANDA   Me alegro.

PEDRO   ¿Sorprendida de que te llamara?

AMANDA   No… o sí, no sé. Pensaba que serías más sen-
                sato y que no lo harías. Y el caso es que en
                estos cuatro meses, desde que nos vimos, he

estado a punto de llamarte más de una vez y de dos. Si no me hubieras llamado, al final lo habría hecho yo.

PEDRO   ¿Sí?

AMANDA   Sí.

(*Pausa.*)

PEDRO   No he podido evitarlo.

AMANDA   Eres un insensato.

PEDRO   Seguramente tienes razón, como siempre, pero tengo la sensación de haber destapado la caja de los truenos.

AMANDA   Eso no es bueno. No es bueno para ti y tampoco es bueno para mí. Los dos sabemos que no puede ser.

PEDRO   ¿Me has hecho venir a este parque tan bonito para… para decirme esto?

AMANDA   Tú me llamaste, pero… acepté la propuesta porque me moría de ganas de verte.

PEDRO   Te quiero.

AMANDA   (*Le acaricia la cara.*) Pedro...

PEDRO   No creas que te escribí ese mensaje a lo loco.
          Cuando te decía que te quería lo sentía de
          verdad.

AMANDA   Lo cual es una locura. (*Pausa.*) Pedro, mi Pe-
          dro... Tú eres algo muy especial para mí. Me
          encantaría ser la única en tu vida, pero la reali-
          dad es que has sido padre y eso nos da muy
          poco margen. Tú, estoy segura que quieres a
          Marta, y no es justo ni para ella ni para la niña.

          (*Se cogen de las manos.*)

PEDRO   ¿Crees que no lo pienso?, ¿crees que no pien-
          so en eso?

AMANDA   Ya está...

PEDRO   Lo que pasa es que no puedo evitar lo que sien-
          to, y siento que te quiero.

AMANDA   Pedro...

          (*Pausa.*)

PEDRO   Ahora me muestras esa sonrisa que habla y
          que conozco tan bien. Es la sonrisa que me
          dice «ya basta, es suficiente porque yo tam-
          bién te quiero».

AMANDA   Yo sé que tú lees en mi sonrisa.

PEDRO   Y en tus ojos.

AMANDA   Pedrito... Yo soy consciente de la situación y siento ese dolor en el pecho que aparece al estar a punto de perder algo muy querido. Pero estoy aquí, he venido. Yo Pedro, prometo ser ligera como la brisa y no ponerte en ningún tipo de compromiso, pero de la misma forma te digo que desapareceré, porque así debe ser. ¿Quieres dormir conmigo, caballero mío?

PEDRO   Sí.

AMANDA   Solo nosotros sabemos estar distantemente juntos.

PEDRO   Eso me suena.

AMANDA   ¿Será verdad que te has leído Rayuela?

PEDRO   De las dos formas.

(*Pausa.*)

AMANDA   ¿Qué le vas a decir a Marta?

PEDRO   Le he dicho que tengo que dormir fuera, por trabajo.

AMANDA   Qué claro lo tenías, ¿no?

PEDRO   Sí.

AMANDA   Tenemos todo un día completo.

PEDRO   Y su noche.

AMANDA   ¿Vamos?

PEDRO   Sí.

Puerta de la inmobiliaria donde trabaja PAZ. *Una chica de unos treinta y tantos años parece esperar impaciente. Evidentemente está esperando a alguien. Saca el móvil. Marca un número. Como quién sea no contesta cuelga mal humorada. Entra corriendo* PAZ.

PAZ   Perdón, perdón, perdón.

MARTA   ¿Se puede saber qué estabas haciendo?

PAZ   Me he retrasado.

MARTA   ¿Ah, sí? No me había dado cuenta.

PAZ   Lo siento.

MARTA   No, tía. Ya me imagino que lo sientes, supongo que no lo habrás hecho queriendo.

PAZ   No, claro, que no.

MARTA   Pero, nena, si no es una cosa es otra. O llegas tarde por la mañana y entonces no se abre a la hora, o llegas tarde de una visita… El caso es que tú sabrás, pero Cifuentes empieza a estar cansado y la cosa no está como para ir tirando los trabajos.

PAZ   Cifuentes, ¿ha dicho algo?

MARTA   Pues claro que ha dicho. Si no llego a estar yo para quedarme a esperarte mañana te despide. Y si no lo hace es porque yo te voy a volver a cubrir las espaldas. Tía, tienes que estar por lo que tienes que estar.

PAZ   Lo siento.

MARTA   Ya lo sé, ¿pero sabes qué pasa? Que yo tenía que ir a buscar a mi hija a la guardería y me he quedado porque Cifuentes tenía una comida. ¿Sabes lo que para mí ha supuesto esto? Mi marido de viaje, he tenido que llamar a mi suegra, un lío. Si Cifuentes no llegaba a esa comida ya te podías dar por despedida.

PAZ   Gracias, Marta.

MARTA   No me las des ¿Por qué te has retrasado tanto?

PAZ   He ido con un cliente a ver el piso de Arniche.

MARTA   ¿El piso de Arniche? Si ese no es tuyo.

PAZ   Ya, es que Jaime no podía enseñarlo.

MARTA   ¿Qué Jaime no podía?

PAZ   No.

MARTA   Pero si se ha ido de la oficina hoy sin hacer nada.

PAZ   ¿Ah, sí?

MARTA   Sí.

PAZ   Pues no sé.

MARTA   Paz, cariño, ¿qué te pasa? Estás rarísima. Estás… estás como en otro mundo.

PAZ   No, no es eso.

MARTA   ¿Qué no es eso? No sé lo que es, yo te digo cómo te veo.

PAZ   Tengo… cosas en las que pensar.

MARTA   Tienes problemas con tu novio.

PAZ   ¿Problemas? No.

MARTA   ¿Entonces? No tienes hijos, tienes un novio que te quiere, solo tenéis que preocuparos de pagar un alquiler y los dos tenéis trabajo.

PAZ   Creo que estoy enamorada.

MARTA   ¿Cómo?

PAZ   Creo que me gusta otra persona.

MARTA   ¿Ah, sí?

PAZ   Creo.

MARTA   Lo crees…

PAZ   Sí.

MARTA   No hablamos de tu novio, claro…

PAZ   No.

MARTA   Vaya…

PAZ   ¿Alguna vez te ha pasado, que hayas conocido a alguien y que en un solo instante en el que las miradas se cruzan, en un simple gesto de mano, o en apenas unas palabras, sientes que tu vida puede tomar un camino distinto? ¿Alguna vez lo has sentido? ¿Alguna vez has creído tener delante de ti la felicidad y que esta esté al alcance de un simple «buenos días» porque sabes que después de pronunciar esas palabras lo que viene seguido es una vida entera de días buenos?, ¿de sentirte escuchada, querida, deseada, tocada, amada? ¿Alguna vez has besado a alguien por primera vez y al hacerlo has entendido que la vida empezaba en ese mismo instante en el que su saliva se mezcló con la tuya, que esa mezcla es algo mucho más vital para tu corazón que la sangre que bombeabas antes de haberlo visto por primera vez? ¿Es esto un flechazo? ¿Es esto el amor del que hablaban los románticos? No entiendo nada. Desde que lo vi he dejado de entender. Y no lo necesito porque lo único que quiero es seguir con este estado eternamente. Sentir, sentir, sentir... Ahora creo que puedo salvarme.

MARTA   ¿Salvarte?

PAZ   Sí, porque hasta ahora he estado muerta.

(*Pausa.*)

MARTA   Cariño, ve con cuidado. Eso que dices es maravilloso. ¿Que si lo he sentido dices? Creo que sí. Creo que a veces aún lo siento. Creo que me paso la vida luchando porque así sea. Creo que él sigue siendo el cambio en mi vida, aquel que buscaba cuando lo conocí. Pero ve con cuidado porque si eso no es más que un espejismo entonces la caída es terrorífica.

PAZ   No lo es. Estoy segura. Lo vi en sus ojos. Al acercarme a él. Al juntar nuestros labios. En ese instante en el que los ojos se juntan y se vuelven uno.

MARTA   Solo te digo que a veces el deseo se... disfraza de felicidad. ¿Y tu chico? ¿En qué lugar se queda él?

PAZ   Hablaré con él. No se merece sufrir. Pero se trata de mi felicidad o de la suya y en este caso es mejor ser egoísta.

MARTA   Espero que estés en lo cierto.

PAZ   Estoy segura. ¿Has sentido alguna vez esta sensación de plenitud? ¿Has notado alguna vez la fiebre en el estómago que produce sentir su respiración caliente en tu mejilla? ¿Lo has sentido alguna vez? Dime, dímelo, Marta.

        (*Pausa.*)

MARTA   ¿Qué si lo he sentido dices? ¿Quién te crees que eres?

PAZ   ¿Qué?

MARTA   Digo que quién te crees que eres.

PAZ   Yo…

MARTA   ¿Qué?, ¿Tú, qué? ¿Crees que puedes ir por ahí restregándoles a los demás tu felicidad impunemente? ¿Crees que tienes derecho a hacer sentir a los demás como si su vida fuera una pérdida de tiempo o como una basura a punto de ser lanzada al camión trituradora? Llegas tarde, me haces cambiar mis planes, trastornas mi día, pierdo tiempo de estar con mi niña, porque la señorita está en estado de felicidad eterna, porque la niña pasea por las calles con una sonrisa de oreja a oreja sin mirar dónde pisa. ¿Crees que eres la única que ha escuchado las campanas? ¿Crees que puedes ir recordándole a los demás que su juventud ya pasó? ¿Qué ya se fue entre espasmos de infelicidad o de relativa felicidad si la comparamos con la tuya? No eres más que una niña, una recién llegada a esto y me quieres dar lecciones de vida. ¿Por qué estás tan segura de que yo no soy feliz? ¿Cómo sabes que yo no estoy feliz con mi familia? Me costó mucho, mucho llegar hasta aquí y lo que tengo lo quiero mantener tal y como está. Sí, a veces sueño con tener tu misma edad, tener toda la vida por delante, no tener responsabilidades, no preocuparme más que de mi propio culo, no preocuparme más que de sentir esa fiebre en el estómago al notar la respiración caliente de alguien amado en la mejilla… Sí, a veces aún sueño. Pero tengo derecho a tener lo que tengo y aunque a ti te parezca que eso no es amor, lo es. Ese es el amor de verdad, el amor al que puede aspirar una persona normal. El otro, el que tú sientes no existe, cariño, está solo en tu cabeza de veinteañera. Algún día te darás cuenta.

(*Pausa.*)

PAZ   Lo siento. No quise decir que tú…

MARTA   Que yo ¿qué? Anda, no la vayas a cagar más. Toma la puta llave. Me voy a comprar, al super, porque en la vida real el ser amado tiene que comer, alimentarse y los hijos también. Y después me iré a casa a darme cuenta, un poco más, de lo infeliz que soy. Mañana tienes que abrir a las nueve. A ver si por una vez llegas puntual. ¡Ah! a las cinco tienes que enseñarle el piso de la calle Costanilla a un matrimonio. Jaime no podrá.

PAZ   ¿Qué? No puede ser. A las cinco tengo que mostrarle de nuevo el piso a… al cliente de Arniches, necesita tomar medidas para los muebles.

MARTA   Lo siento, lo ha dicho Cifuentes. Se lo cuentas a él, aunque tal y como están las cosas yo no lo haría.

PAZ   ¿Y el cliente de Arniches?

MARTA   Mañana se le llama y se cambia la hora. Me voy. Disfruta de tu felicidad.

(MARTA *se va.*)

Mismo piso que PAZ *enseñó a* SERGIO. *Una chica está de espaldas al público. Alguien llama a
la puerta. La chica que estaba de espaldas es*
MARTA *que se dirige a abrirla. Entra* SERGIO.

SERGIO   Hola.

MARTA   Hola.

SERGIO   Busco a Paz.

MARTA   Es usted el señor Blanco, ¿no?

SERGIO   Sí. ¿Y Paz?, ¿no ha podido venir? Habíamos
quedado para…

MARTA   Sí, lo sé. Tiene que tomar medidas para unos
muebles. Me lo ha contado, sí. De todas formas he traído los planos del piso por si le son
de ayuda.

SERGIO   Ah… muy amable.

MARTA   Aquí están.

(MARTA *le entrega una carpeta a* SERGIO.)

SERGIO   Gracias.

MARTA   Nos dijo Paz que usted estaba interesado en el piso…

SERGIO   Sí. Sí, lo… estoy. Paz no va a poder acudir a la cita, ¿no?

MARTA   No. Está con otra visita que nos ha salido a útima hora de la mañana. Me ha pedido que le dijera que la disculpara.

SERGIO   Qué raro.

MARTA   ¿Perdón?

SERGIO   Es extraño que no haya venido. Estaba muy interesada en que me quedara el piso.

MARTA   Y lo sigue estando.

SERGIO   Ya.

MARTA   Si quiere tomar medidas, adelante.

SERGIO   Eh… gracias. (SERGIO *saca un medidor de cinta y empieza a medir la pared del fondo del salón. Lo hace con precisión. Para sí mismo.*) Bien… (*Sigue midiendo.*) Correcto…

              (*Suena el teléfono móvil de* MARTA.)

MARTA   Dígame… sí, sí, está aquí conmigo…Sí así es… De acuerdo se lo diré. Hasta ahora.

(*Cuelga.*)

SERGIO   ¿Era Paz?

MARTA   No, era Ramón Cifuentes. Es el director de ventas. Me ha pedido que le diga que si sigue interesado en el piso él estará encantado de atenderle.

SERGIO   ¿Y Paz?

MARTA   Paz es solo agente comercial. Para temas de contratos se tiene que poner en contacto con usted el señor Cifuentes.

(*Pausa.*)

SERGIO   Verá. ¿Sería posible que pudiera hablar antes con Paz…?

MARTA   Lo siento, no es posible.

SERGIO   ¿No?

MARTA   Ya le he dicho que está con otra visita.

SERGIO   ¿Y no le dejó ningún recado para mí?

MARTA   Ya le he dicho que…

SERGIO   Aparte de la disculpa.

MARTA   No.

(Pausa. SERGIO *da una vuelta por el salón pensativo. Se queda frente a* MARTA *unos seguntos mirándola antes de hablar.)*

SERGIO   Me lo he pensado mejor. No quiero el piso. Dígale a su jefe que muchas gracias. No es lo que busco.

MARTA   Pero señor Blanco…

SERGIO   No hay nada más que hablar.

MARTA   Señor Blanco yo…

SERGIO   Hay algo que me huele mal. No me gustan los secretismos. No me fío de ustedes. Ayer Paz me dijo que vendría a las cinco. Está bien, entiendo que tenga otros… asuntos, pero no es muy serio que un día una persona le enseñe un piso y al día siguiente aparezca otra.

MARTA   Bueno, eso no es tan raro. A veces ocurre.

SERGIO   ¿Y si yo le dijera que no me lo creo?

MARTA   Lo siento, yo…

SERGIO   Deme el teléfono de Paz.

MARTA   Me temo que no estoy autorizada para facilitar su teléfono personal.

SERGIO   Da igual, lo tendré anotado en mi movil en últimas llamadas.

(SERGIO *busca en su móvil.*)

SERGIO   Aquí está.

MARTA   Señor, yo…

SERGIO   Disculpe.

(SERGIO *llama.*)

SERGIO   Hola, ¿Paz?… ah… soy… quedé con ella para que me enseñara un piso…¿Y no podría hablar con ella? (*Silencio largo.*)… Disculpe… disculpe.

(*Silencio.*)

MARTA   ¿Es usted conocido de Paz?

SERGIO   No, la conocí… ayer.

MARTA   Supongo que usted…

SERGIO   Era su prima…

MARTA   Ella nos llamó esta mañana.

SERGIO   Ya…

MARTA   Esta mañana nos ha llamado…

SERGIO   No lo entiendo.

MARTA   Es difícil.

SERGIO   ¿Perdón?

MARTA   Nada esto es… ha sido…

SERGIO   Necesito…

MARTA   Pero usted no la conocía, ¿no?...

SERGIO   ¿Yo?, ¿qué puedo hacer?

MARTA   ¿Qué? Nada ¿Usted la conocía?

SERGIO   Yo que sé…

MARTA   Ayer llegó a la oficina tan contenta...

SERGIO   He sido yo…

MARTA   ¿Cómo?

SERGIO   Es mi culpa…

        (Pausa.)

MARTA   ¿Usted? ¿Cómo va a ser su culpa? No es culpa de nadie más que…

SERGIO   Ella me lo contó…

MARTA   Que ella le contó, ¿qué le contó?… Ahora soy yo la que no entiende nada…

SERGIO   Tengo que tomar el aire. Tengo que pensar.

(SERGIO *se va.* MARTA *se queda sola en medio del salón.*)

Cambia el espacio. Casa de AMANDA. *Una habitación muy soleada. A través de la ventana se puede ver un poblado jardín.* PEDRO *y* AMANDA *están abrazados en la cama después de haber hecho el amor.*

PEDRO Me encanta tu forma de ver las cosas: clara, sin dramatismo y siempre con una leve sonrisa colgada de tus labios. Yo, en cambio, tengo la sensación, cada vez que nos despedimos, que pierdo un poco de vida. Esa sonrisa tuya, que también aparece cuando te digo que te quiero, sin palabras, en silencio, solo mirándote a los ojos, es tu forma de decirme que no sea tan 'Pedrito'. Puede parecerte exagerado que te diga 'te quiero' pero eso es lo que siento. No es pensamiento consciente ni racional. El sentimiento es una cuestión de instinto y mi instinto me llevará siempre a buscarte y a amarte incansablemente. Estés donde estés.

AMANDA Calla, Pedro. No debes decirme esas cosas. No debes dejar de pensar en ti, solo en ti.

PEDRO No puedes detener lo que ya está en marcha.

AMANDA — Es la una. Debes ir a la guardería a buscar a Ana.

PEDRO — Aún es pronto.

AMANDA — Te gusta apurar.

PEDRO — Cuando estoy contigo sí.

AMANDA — Me ha llamdo Patric.

PEDRO — ¿Qué?

AMANDA — Quiere que comamos.

PEDRO — Para qué.

AMANDA — Supongo que para hablar.

PEDRO — ¿Ahora?

AMANDA — Sí.

PEDRO — Pero…

AMANDA — No te preocupes. No lo quiero. Me gusta su amistad, pero no funcionamos y además ahora no podría estar con nadie.

(*Pausa.*)

PEDRO — ¿Vas a ir a verlo?

AMANDA   Claro.

PEDRO   ¿Por qué?

AMANDA   Porque debo. Es mi amigo y debo estar con él
            si me necesita e intuyo que me necesita.

PEDRO   Te quiero.

AMANDA   Sabes, yo también te quiero, pero no podemos
            seguir ni un solo momento. Debes recoger tus
            cosas e irte con tu mujer antes de que causes
            un daño irreparable. Llevamos demasiado
            tiempo escondiéndonos, viéndonos furtiva-
            mente en una mentira que no tiene salida po-
            sible. No podemos seguir acostándonos como
            si fuera de aquí no pasara nada, como si más
            allá de estas sábanas que nos envuelven no tu-
            vieras otra vida. Se acabó.

            (*Pausa.*)

PEDRO   Es por él.

AMANDA   Por favor… No, ya te he dicho que no lo quie-
            ro.

            (*Pausa.*)

PEDRO   Sabía que hoy me dirías esto. Al entrar aquí y
            ver tus ojos, sabía que se acababa.

AMANDA   Siempre has sabido leer en mis ojos.

PEDRO   Y en tu sonrisa, hoy ausente.

AMANDA   Pedro, me voy a duchar. Cuando salga espero no encontrarte. Te quiero.

           (*Sale.*)

PEDRO   Voy a dejar a Marta. Hoy, esta noche. Lo tengo decidido.

           (*Pausa.* AMANDA *entra despacio.*)

AMANDA   Pedro, piensa lo que haces.

PEDRO   Está pensado. Tu querías ir a París, ¿verdad?, ¿verdad? He comprado dos billetes. Nos vamos esta noche. Sé que es una locura pero te necesito, necesito no separarme nunca más de ti. Nos vamos a París a celebrar que por fin estaremos juntos hasta el final. Ya pensaremos cómo nos arreglamos después. Viviremos aquí o allí si nos gusta. A mí me gusta estar donde tú estés. ¿Qué dices?

AMANDA   Que estás loco.

PEDRO   Eso es que sí.

AMANDA   ¿Estás seguro?, ¿tanto me quieres?

PEDRO   Sí.

(Se abrazan, se besan y AMANDA *sale hacia el baño.* PEDRO *se viste para irse.)*

Salón de casa de MARTA *y* PEDRO *compuesto, entre otras cosas, por un sofá en medio de la estancia y frente a este una mesa baja. En un lado de esta hay una pila de revistas. Al otro lado hay un «walkie talkie» de plástico encendido de los que se usan para escuchar al bebé que duerme en una habitación contigua.* MARTA *está estirada en el sofá dormida. Tiene un libro abierto sobre su pecho. Es de noche. Entra* PEDRO. *Deja la bolsa que lleva en el suelo junto al sofá. Se queda mirando a* MARTA. MARTA *se despierta.*

MARTA   Hola, cariño.

PEDRO   Hola.

MARTA   Dame un beso, no seas tan rancio.

             (*Se besan.*)

PEDRO   Qué tal la niña.

MARTA   Dormidita.

PEDRO   ¿Ha pasado buena tarde?

MARTA   Me ha dicho tu madre que sí.

PEDRO   ¿A qué hora se fue?

MARTA   A las siete, al poco de llegar yo.

PEDRO   Ah…

MARTA   Tienes cara de cansado ¿Qué tal el viaje, el ro-
               daje?, ¿ha ido bien?

               (*Pausa.*)

PEDRO   No.

MARTA   ¿Y eso?

PEDRO   No ha sido un buen día.

MARTA   Para mí tampoco. Hemos tenido un día de
               mierda en la oficina.

PEDRO   Vaya…

MARTA   Esta mañana nos han llamado a la oficina…
               ¿Te acuerdas de Paz? La chavala que entró a
               trabajar en la inmobiliaria…

PEDRO   ¿La jovencita?

MARTA   Sí.

PEDRO   Sí, ¿qué le pasa?

MARTA   Muerta.

PEDRO   ¿Qué?

MARTA   El novio, la ha matado.

PEDRO   ¡No me jodas!

MARTA   Baja la voz, que vas a despertar a Ana.

PEDRO   ¿Pero cómo ha sido?

MARTA   No lo sé exactamente, pero parece ser que le dijo a su novio que lo quería dejar y…

PEDRO   ¿Y?

MARTA   Pues eso, la ha matado.

PEDRO   ¿Qué? ¿Cómo…? (*Pausa.*) ¿Lo han detenido?

MARTA   Se ha entregado él mismo a la policía.

PEDRO   Joder…

MARTA   Así que imagínate el ambiente hoy en la ofi…

PEDRO   Ya, claro…

MARTA   Ha sido un palo.

PEDRO   Imagino.

MARTA Encima...

PEDRO Qué.

MARTA Ayer, justo tuve una bronca con ella. Creo que fui demasiado dura, creo que no debería haberle dicho lo que le dije pero me cogió... verás, tú no estabas y ella llegó tarde y no pude ir a buscar a Ana y tu madre...

PEDRO No pasa nada, es normal tener algún enganchón con los compañeros...

MARTA Pobre, era tan inocente.

PEDRO Bueno, tú siempre andabas solucionándole los marrones en la oficina. Has sido una buena compañera...

MARTA Joder...

PEDRO Sí...

    (*Pausa.*)

MARTA ¿Quieres cenar?

PEDRO ¿Eh? Sí. ¡No! ¿Qué me has preguntado, si he cenado?

MARTA Que si quieres cenar.

PEDRO Pues... la verdad, no tengo demasiada hambre.

MARTA   Yo tampoco.

PEDRO   ¿No has cenado?

MARTA   No, te estaba esperando, como siempre.

PEDRO   Claro.

MARTA   ¿Qué te pasa?

PEDRO   ¿A mí?

MARTA   Sí, claro, a ti.

PEDRO   Nada. Es decir…

         (*Pausa.*)

MARTA   Es decir ¿qué?

PEDRO   Verás. He estado pensando…

         (*Pausa.*)

MARTA   ¿Y?

PEDRO   No sé como empezar.

MARTA   No sabes cómo empezar ¿el qué?. De verdad,
         Pedro, cuando te pones así no te entiendo.
         ¿Qué te pasa?

PEDRO   No estoy bien. No estoy pasando por un buen momento.

MARTA   Ya lo sé, cariño.

PEDRO   Eso es algo que… No sé, trato de darle la vuelta a mi vida…

MARTA   Estás cansado, es natural. Pasas muchas horas en el plató.

PEDRO   No, no es eso. Bueno, el cansancio también me afecta, de eso no hay duda.

MARTA   Qué pena.

PEDRO   ¿Qué?

MARTA   Qué pena. ¿Te acuerdas cómo era todo al principio? ¿Te acuerdas de cómo hablábamos horas y horas de cualquier tema? ¿de cualquier tontería? Siempre decías que eso era lo que más te gustaba de mí. Siempre decías que sentías que podías hablar conmigo de cualquier cosa. Salíamos a cenar y antes de haber pedido al camarero pasaban perfectamente cuarenta minutos en los que no parábamos de hablar. Así hasta que el camarero nos interrumpía para saber si habíamos decidido algo. Eso nos pasaba a menudo.

PEDRO   Sí.

MARTA   Los besos. Los besos eran eternos. Podíamos besarnos durante varios minutos sin interrupción. Se podía caer el mundo a nuestro alrededor mientras nuestros labios se besaban con fuerza, con profundidad. Eran lentos nuestros besos. Eran pequeños pildorazos de eternidad de saliva fresca que se mezclaba con nuestras almas deseosas de fundirse la una con la otra. Tú entonces decías que nuestro amor era como un toreo reposado, templado, sin prisa, lento, armonioso. Me gustaba tu poesía, que no estaba tanto en tus palabras sino en tu mirada, en la forma en la que movías las manos, en cómo buscabas las mías cuando paseábamos. Ahora no sé qué queda de eso. Trato de buscar la forma de enamorarme como entonces, porque te quiero. Te quiero mucho, mucho más que antes, pero no estoy segura de que tú aún me quieras.

PEDRO   Aún te quiero.

MARTA   ¿Qué podemos hacer para volver a ser como éramos?

PEDRO   No lo sé.

MARTA   Yo no quiero que esto se apague. Cuando veo a la niña, me trae tantos buenos recuerdos de nosotros dos…

PEDRO   Sí, a mí también me pasa.

MARTA   Ya sé que pasas por un mal momento. Vas camino de los cuarenta, eso también te está afectando porque empiezas a plantearte la vida de una forma muy distinta. Ya no eres un niño, eso está claro, aunque quiero que sepas que a mí me gustas mucho más ahora. A veces…

PEDRO   ¡Basta!, ¡basta, basta, basta! No sigas.

MARTA   Pedro…

PEDRO   ¡No sigas! ¡No soy quién tú crees que soy! ¡No te merezco! ¡tú no te mereces estar con alguien como yo! ¡Me gustaría poder corresponder a tanto amor como el que gastas en mí, pero tengo la sensación de que no puedo. Me abruma tu grado de implicación en todo, tu capacidad de amar, me abruma, no me deja vivir con tranquilidad porque siempre tengo la sensación de estar por detrás! ¡Soy un ser despreciable, no me soporto!

MARTA   No digas eso.

PEDRO   Es lo que siento.

MARTA   Quieres decirme algo y no sabes cómo, ¿no es eso? (*Pausa.*) Pedro, es eso, ¿verdad? (*Pausa.* PEDRO *asiente con la cabeza.*) ¿Quieres que lo dejemos? (*En ese momento se escucha el llanto de* ANA *en la habitación contigua.*) Ahora vuelvo, voy a ver a Ana. Cariño, ordena tus ideas. Yo no puedo decirte nada más. Para mí,

«cada noche el verso es saber que vuelves»,
¿te acuerdas? Si cuando vuelva te has mar-
chado, no te molestaré. Te quiero.

(MARTA *sale aguantandose el llanto.* PEDRO *se
queda sentado en el sofá con la mirada perdida,
pensando. De pronto mira su teléfono móvil. Coge
un sobre de su bolsa. Lo abre y saca algo de dentro. Son los dos billetes de avión a París. lo mira
y lo rompe. Se descalza y con los ojos llenos de
lágrimas empieza a desabrocharse la camisa.*)

Oscuro

Mismo bar de escenas anteriores. AMANDA *está sentada tomando un refresco, en el suelo se ve junto a ella una maleta. Mientras suena el tema musical observamos a la chica algo inquieta, mirando la pantalla de su teléfono móvil, mirando en dirección a la calle. Entra* SERGIO *al bar.*

AMANDA   ¡Doctor!

SERGIO   Eh… ¿Nos conocemos?

AMANDA   Doctor Blanco, no se acuerda de mí, es normal. Usted trató a mi madre.

SERGIO   ¿Ah, sí?

AMANDA   Sí.

SERGIO   ¿De qué?

AMANDA   Cáncer.

SERGIO   ¿Cómo se llama su madre?

AMANDA   Pilar Aguado.

SERGIO   ¿Cómo está?

AMANDA   Se salvó.

SERGIO   Me alegro.

AMANDA   Sí. ¿Cómo está usted?

SERGIO   Bien… más o menos.

AMANDA   ¿Más o menos?

SERGIO   Hoy ha sido uno de los días más extraños de mi vida. Por lo demás bien.

AMANDA   ¿Quiere tomar algo? Si está usted solo, claro.

SERGIO   Estoy solo y no debería tomar nada más. ¿Estás sola?

AMANDA   Estoy esperando a un amigo.

SERGIO   En ese caso será mejor que…

AMANDA   No, no se preocupe, siéntese.

SERGIO   No me trates de usted.

AMANDA   Perdón.

SERGIO   Ayer conocí a una chica… una chiquilla más bien. También me trataba de usted y también le pedí que no lo hiciera.

AMANDA   Ya, ¿y?

SERGIO   Nada. Creo que hablé demasiado.

AMANDA   Bueno, todo tiene remedio.

SERGIO   Esto no.

            (*Pausa.*)

AMANDA   ¿Se... te encuentras bien?

SERGIO   Estoy algo mareado. He bebido más de la cuenta.

AMANDA   No se te nota.

SERGIO   El caso es que hasta hoy, más o menos me encontraba bien. Buscando piso para abrir nueva consulta. Recién superado todo el tema de mi separación.

AMANDA   ¿Te separaste?

SERGIO   Sí. Hasta hoy como te digo todo bien.

AMANDA   ¿Y hoy qué ha pasado?

SERGIO   No lo tengo muy claro. Tengo que reflexionar, supongo, aunque creo que si me hubiese metido la lengua en el culo habría sido mejor para todos. Me siento culpable.

AMANDA   ¿Culpable por qué?

SERGIO   Paz se llamaba.

AMANDA   ¿Se llamaba quién?

SERGIO   La chica que me trataba de usted

AMANDA   ¡Ah!

SERGIO   Era muy linda, muy simpática, rebosaba juventud. Se la veía tan inocente... Fui yo quien le dijo que lo dejara con su novio. No lo quería. Ella misma me lo contó… No se lo dije ni siquiera para aprovecharme de la situación, fue pensando en que era joven, en que tenía toda la vida por delante. Le dije que a la larga, si ella no amaba a ese chico, lo mejor para ambos era que lo dejara, que él se lo agradecería algún día… Y ahora ya no está.

AMANDA   ¿Pero qué le ha pasado?

SERGIO   Su novio la mató.

AMANDA   ¿Qué?

SERGIO   Ya ves.

          (*Pausa.*)

AMANDA   Tú no eres culpable de nada. No debes sentirte culpable de algo así. Tenías razón, si ella

no quería a ese chico lo mejor era no conti-
nuar, que lo dejara.

SERGIO   Tendría que haberme callado.

AMANDA   O no. ¿Cómo ibas a saber que su pareja era
capaz de hacer una cosa así? Que ese tipo haya
matado a esa pobre chica no te hace para nada
culpable de lo sucedido.

SERGIO   Si no le hubiera dicho lo que le dije seguramente ahora estaría viva.

AMANDA   ¿Hasta cuándo?

SERGIO   ¿Hasta cuándo? No lo sé.

AMANDA   Exactamente, no lo sabes. Porque un tipo que
hace una cosa así puede actuar de esa forma por
muchas razones. La excusa fue que ella le había
abandonado pero si no lo hubiera hecho, la excusa habría sido otra, en otro momento, más
adelante. Esa chica deseaba ser libre y él deseaba tenerla encerrada… Estar encerrada es una
forma de estar muerta, peor que la muerte en sí.

SERGIO   Supongo que tienes razón.

AMANDA   Seguro.

SERGIO   Tienes razón, así es. Te voy a contar algo. Tal
vez te parezca una locura, tal vez creas que
no estoy cuerdo.

AMANDA   Soy todo oídos.

SERGIO   Ayer y hoy han sido días raros de mi vida. Yo
          llevo un dietario donde anoto la clase de día que
          he tenido: días buenos, días malos y días ex-
          traños. De esta manera creo que el día que me
          muera, el día en que esté a punto de dejar de
          existir, podré recordar los momento más in-
          tensos de mi vida. Ese será el cielo para mí,
          esa mi vida eterna. Después de eso el silencio,
          pero antes podré recordar. Han sido dos días
          muy extraños. Ayer pensé que me había ena-
          morado. Tal vez por primera vez en toda mi
          vida. ¿Alguna vez te ha pasado que hayas co-
          nocido a alguien y que en un solo instante en
          el que las miradas se cruzan, en un simple ges-
          to de mano, o en apenas unas palabras, sien-
          tes que tu vida puede tomar un camino dis-
          tinto? ¿Alguna vez lo has sentido? ¿Alguna
          vez has creído tener delante de ti la felicidad
          y que esta esté al alcance de un simple «bue-
          nos días» porque sabes que después de pro-
          nunciar esas palabras lo que viene a conti-
          nuación es una vida entera de días buenos, de
          sentirte escuchada, querida, deseada, tocada,
          amada? ¿Alguna vez has besado a alguien por
          primera vez y al hacerlo has entendido que la
          vida empezaba en ese mismo instante en el
          que su saliva se mezcló con la tuya? ¿Que esa
          mezcla es algo mucho más vital para tu cora-
          zón que la sangre que bombeabas antes de ha-
          berlo visto por primera vez? ¿Es esto un fle-
          chazo? ¿Es esto el amor del que hablaban los

románticos? No entiendo nada. Desde que la vi he dejado de entender. Y no lo necesito porque lo único que quiero es seguir con este estado eternamente. Sentir, sentir, sentir... Sin embargo ella ya no está, y estos dos últimos días han sido los más raros de mi vida. Cuando cierre los ojos por última vez, cuando el sueño eterno me reclute en su olvido perpetuo, la última cosa que veré será su rostro. Tengo el dietario lleno de días buenos y de días malos. Sin embargo, tengo pocos días, ninguno diría yo, extraños. Y de golpe siento que en dos días mi vida ha dejado de ser lo que pensaba que era. Bien, anotados están estos dos días extraños. Anotados quedan para cuando necesite sosegar el incontrolable trajín de la existencia. Su inocencia pudo salvarme.

AMANDA   Ya estás a salvo.

SERGIO   ¿A quién esperas?

AMANDA   A un amigo.

SERGIO   ¿A un amigo?

AMANDA   Bueno, algo más que un amigo.

SERGIO   Es un tipo con suerte ese amigo tuyo.

AMANDA   ¿Tú crees?

SERGIO   Sí.

AMANDA   Sin embargo creo que me ha dado plantón.

SERGIO   No puede ser.

AMANDA   Ya lo creo que sí. Teníamos billetes para esca-
           parnos unos días a París. Era la mejor manera
           de celebrar que por fin estábamos juntos. Y el
           caso es que lo sabía. Sabía que no vendría. Y
           no lo culpo. Ha hecho bien.

SERGIO   ¿Ha hecho bien?

AMANDA   Muy bien. Como mínimo ha hecho lo correc-
           to. En estos casos lo correcto es mejor que lo
           anhelado.

SERGIO   Llámalo.

AMANDA   No. Nosotros siempre nos hemos entendido
           así, sin hablar. Nunca se ha retrasado hasta
           hoy. Hoy era el día que tenía que dar el paso.

SERGIO   ¿Está casado?

AMANDA   Sí. Eres listo.

SERGIO   Ya te he dicho que yo me separé de mi mujer
           hace unos meses. Me costó mucho dar el paso.

AMANDA   Pero es que él quiere a su mujer. Aún la quie-
           re. Y a su hijita. No lo culpo. Aunque si te soy
           sincera tenía la esperanza de poder pasar el
           resto de mi vida a su lado. Lo quiero, lo quiero

mucho. Más de lo que nunca podré querer a nadie. Pero nuestra historia es así, debo aceptarlo y parece que él al final también lo ha aceptado.

SERGIO   ¿Estás bien?

AMANDA   Sí. Triste y feliz a la vez. Es extraño, pero tengo la sensación de que así siempre lo tendré. Así no sufriremos el maldito desgaste de la convivencia.

SERGIO   Supongo que siempre estaréis enamorados el uno del otro porque nunca sabréis qué pudo dar de sí vuestra historia. Podríamos decir que es el romance perfecto, el que no llega a consumarse.

AMANDA   Él es casi perfecto de tan imperfecto que es.

SERGIO   Le tengo celos. (*Ríe.*) No sé si alguien alguna vez ha pensado eso de mí. No lo creo.

AMANDA   Seguro que sí. Todos tenemos a alguien que nos ve con esos ojos. Aunque después todo sea producto de la imaginación.

(*Pausa.*)

SERGIO   ¿Quieres dar un paseo?

AMANDA   ¿Todavía llueve?

SERGIO   Ya no.

AMANDA   ¿Cómo te llamas? Solo sé tu apellido.

SERGIO   Sergio.

AMANDA   Yo me llamo Amanda.

SERGIO   Encantado.

AMANDA   Vamos a pasear, pero ahora ya sabes que mi corazón es de otro. Todo lo que venga será puro disimulo.

SERGIO   Si disimulas bien qué más da.

AMANDA   Ah, sí , ¿eh?

SERGIO   Sí. La vida necesita ciertas dosis de disimulo para hacerla soportable.

AMANDA   Ah, sí, ¿eh?

SERGIO   Sí. Paseemos juntos. Me haces estar tranquilo. No sé por qué me haces estar tranquilo y reposado. Qué rara es la vida.

AMANDA   Rara la vida, raros los que la vivimos…

(*Musica.*)

Oscuro.

Esta primera edición de *el cíclope y otras rarezas de amor*,
de Ignasi Vidal, terminó de imprimirse
en octubre de dos mil veinticuatro,
en Podiprint.